J'adore les bisous

Camilla de
la Bédoyère

Texte français d'Isabelle Montagnier

SCHOLASTIC

Tout le monde adore les bisous, même les animaux!

Quand quelqu'un nous fait un bisou, ça nous réchauffe le cœur.

Les animaux font des bisous à leurs amis et aux membres de leur famille.

Les bisous sont merveilleux pour dire bonjour ou au revoir et montrer son amour à quelqu'un.

L'amour commence parfois par un **bisou.**

Un petit bec sur la **joue** montre à quelqu'un qu'on **l'aime.**

Chez les chouettes, quand un mâle cherche une compagne, il émet un petit hululement. Hou! Hou! Un couple reste souvent uni pour la vie; ces oiseaux s'occupent ensemble de leurs petits.

J'ai **toujours** le temps de faire un petit **bisou** à ma maman pour lui dire **au revoir** avant d'aller **jouer** avec mes **amis.**

Les dauphins à gros nez vivent en groupes, qu'on appelle aussi bancs. Les nouveau-nés restent avec leur mère. Quand ils seront plus grands, ils joueront et nageront avec les autres jeunes dauphins du groupe.

Parfois, maman est triste ou fatiguée. Nous lui faisons des bisous jusqu'à ce qu'elle retrouve le sourire!

Chez les guépards, les femelles sont de bonnes mères. Elles travaillent fort pour protéger leurs petits des hyènes, des lions et des aigles. Elles trouvent aussi de la nourriture pour toute la famille.

Quand les membres de ma famille m'entourent, ils me couvrent de bisous.

Les zèbres vivent en troupeaux. Les tantes, les cousines et les sœurs aident souvent la mère à s'occuper de son petit. Elles sont aux petits soins et le cajolent en frottant leur museau contre le sien ou en mordillant son cou!

J'aimerais faire ta connaissance. Ce petit bisou est ma façon de dire « bonjour »!

Les grenouilles d'arbres s'affairent la nuit pour chercher de la nourriture. Quand un mâle et une femelle se rencontrent, ils se touchent le nez. C'est leur façon de décider s'ils veulent former un couple.

C'est l'heure du bain et maman essaye de me nettoyer. Elle me fait des **bisous** pour que je **reste** tranquille!

Les gorilles aiment consacrer des heures à leur toilette. La mère inspecte toutes les parties du corps de son bébé pour s'assurer qu'aucun parasite ne vit sur sa peau.

Maman me fait un **bisou** avant de partir. Quand elle **reviendra**, elle **rapportera** de bonnes choses à **manger!**

Les bébés phoques du Groenland ou blanchons ont un pelage blanc duveteux. Ils ne peuvent pas nager jusqu'à ce que leur pelage devienne gris et court. Leurs mères doivent les laisser seuls dans la neige pendant qu'elles vont à la pêche.

C'est l'heure d'y aller! Fais-moi vite une bise!

Les impalas sont des antilopes d'Afrique. Même pendant les moments de tendresse, ils doivent rester aux aguets, car des prédateurs, comme les lions, rôdent peut-être aux alentours.

Parfois, nous nous bagarrons, mais nous nous réconcilions toujours en nous faisant des bisous.

Les lapins, comme beaucoup d'animaux, utilisent leur odorat pour détecter si un nouveau venu est un ami ou un ennemi. Chez les animaux, se toucher le museau est une façon parmi tant d'autres de décider s'ils peuvent se faire confiance.

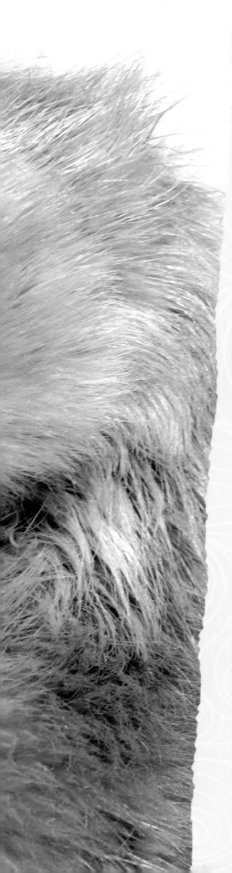

Papa **nous a** emmenés nager et nous sommes fatigués! Échangeons un bisou fraternel avant d'aller faire une petite sieste.

Le papa des jeunes cygnes aide leur maman à s'occuper d'eux. Il les emmène à la rivière pour qu'ils apprennent à nager. Parfois, il les transporte même sur son dos tandis qu'il glisse gracieusement sur l'eau.

Je suis **petit** et j'ai peur, mais les **bisous de ma maman** me donnent **du courage.**

Un ourson brun a besoin de sa maman. Elle le nourrit et le protège des autres ours, des loups et des couguars. La maman devient très dangereuse quand son petit est menacé.

Un bisou
du bout **du nez,**
c'est bien,
mais quoi
de mieux qu'un
doux bisou
inattendu!

Les bébés girafes font environ
deux mètres de hauteur. Une heure après
leur naissance, ils sont déjà capables
de courir. Une mère surveille seule un
groupe de petits tandis que les autres
mères vont chercher de la nourriture.

Un bisou me réconforte quand je me sens **triste.**

Les oiseaux appelés
« inséparables » passent toute
leur vie ensemble. Ils aiment
se percher l'un à côté de l'autre
et se picoter pour
se témoigner leur affection!

Les meilleurs amis adorent partager et un bisou est un cadeau parfait pour un être cher.

Les hippopotames sont des animaux sociables. Ils vivent en groupes et passent souvent la journée à patauger dans des mares pour rester au frais. La nuit, ils sortent de l'eau et vont manger de l'herbe.

Voici trois bonnes raisons de faire des bisous :

Un bisou rapproche les amis.

Les bisous sont faciles à faire et agréables à recevoir.

Un bisou est un geste d'amour.

Peux-tu penser à d'autres raisons?

Catalogage avant publication de Bibliothèque et Archives Canada

De la Bédoyère, Camilla
[I love kisses. Français]

J'adore les bisous / Camilla de la Bédoyère ;
texte français d'Isabelle Montagnier.

Traduction de : I love kisses.
ISBN 978-1-4431-5552-6 (couverture souple)

1. Animaux--Moeurs et comportement--Ouvrages pour la jeunesse.
2. Baisers--Ouvrages pour la jeunesse. I. Titre. II. Titre: I love kisses.
Français.

QL761.5.D4614 2017   j591.56'3   C2016-903575-1

Édition publiée par les Éditions Scholastic, 604, rue King Ouest,
Toronto (Ontario) M5V 1E1 avec la permission de QED Publishing.

5 4 3 2 1   Imprimé en Chine CP141   17 18 19 20 21

Conception graphique : Natalie Godwin

Références photographiques

1 Shutterstock : Gizele, 1 au centre Getty : Minden Pictures : Mitsuaki Iwago, 2 FLPA : Minden Pictures : Gerry Ellis, 3 Shutterstock : Sweet Lana, 4 Shutterstock : Daemys, 5 Naturepl.com : Dietmar Nill, 6 Naturepl.com : Jeff Rotman, 7 Shutterstock : Markovka, 8 Shutterstock : EV-DA, 9 FLPA : Frans Lanting, 10 FLPA : Richard Du Toit, 11 Shutterstock : yaskii, 12 Shutterstock : Sweet Lana, 13 Getty : JH Pete Carmichael, 14 Alamy : Dave Stevenson, 15 Shutterstock : WEN WEN, 16 istockphoto.com : Electric Crayon, 17 Getty : Hiroya Minakuchi, 18 FLPA : Minden Pictures:Suzi Eszterhas, 19 Shutterstock : Natalia Kudryavtseva, 20 Shutterstock : yaskii, 21 FLPA : Andrew Parkinson, 22 naturepl.com : Paul Hobson, 23 Shutterstock : Markovka, 24 istockphoto.com : Silmen, 25 Biosphoto : Michael Breuer, 26 Getty : Gail Shotlander, 27 Shutterstock : Gizele, 28 Shutterstock : Daemys, 29 Imagebroker : Michael Krabs, 30 Naturepl.com : Anup Shah, 31 Shutterstock : Natalia Kudryavtseva, 32 Shutterstock : Sweet Lana, 32 en haut FLPA : Minden Pictures : Yva Momatiuk & John Eastcott, couverture, Getty : Roland Weihrauch, en bas au centre, en haut Shutterstock : BerndtVorwald, en bas au centre, en bas à gauche Shutterstock : Moolkum, en bas au centre, en bas à droite Shutterstock : David Steele